这套关于运动的图画书是送给孩子们的礼物，希望通过幽默的图画与生动的文字，带领孩子们进入体育运动的世界，提高孩子们参与体育运动的兴趣，感受体育运动的魅力与精彩，领悟积极向上、永不言弃的体育精神——人生的跑道上并无胜负之分，只有快慢之别，战胜对手只是一时的赢家，战胜自己才是命运的强者。

图书在版编目（CIP）数据

跑跑跳跳的田径运动 / 许占鸣著；扶摇星工作室绘 . -- 北京：天天出版社，2021.6（2023.5 重印）

（爱上体育课）

ISBN 978-7-5016-1722-7

Ⅰ．①跑… Ⅱ．①许… ②扶… Ⅲ．①田径运动 – 儿童读物 Ⅳ．① G82-49

中国版本图书馆 CIP 数据核字 (2021) 第 104046 号

责任编辑：董 蕾	美术编辑：林 蓓
责任印制：康远超 张 璞	

出版发行：天天出版社有限责任公司
地　址：北京市东城区东中街 42 号　　　邮编：100027
市场部：010-64169902　　　　　　　　传真：010-64169902
网　址：http://www.tiantianpublishing.com
邮　箱：tiantiancbs@163.com

印　刷：北京博海升彩色印刷有限公司　　经销：全国新华书店等
开　本：889×1194　　1/16　　　　　　印张：2.5
版　次：2021 年 6 月北京第 1 版　　　　印次：2023 年 5 月第 2 次印刷
字　数：30 千字

书　号：978-7-5016-1722-7　　　　　　定价：38.00 元

版权所有·侵权必究
如有印装质量问题，请与本社市场部联系调换。

爱上体育课

跑跑跳跳的田径运动

许占鸣 / 著

扶摇星工作室 / 绘

人民文学出版社　天天出版社

田径运动

远古时代，人们为了生活和获取食物，需要跨越崇山峻岭、沼泽平原，通过投掷石块或长矛等方式去捕猎。这便是最早的跑、跳、投运动。

现代田径运动分为田赛、径赛和全能赛。田赛比高度和远度，比如跳跃和投掷项目。径赛比速度，比如各种距离的跑步项目。全能赛既比田赛，也比径赛。

运动很累，但多运动能让我长得更高，更强壮。

运动能培养坚定的意志和拼搏的精神，还能够提高专注力。

跑

这是田径比赛使用的室外标准场地。田赛项目在里面的场地上完成，径赛项目在跑道上完成。

跑道有两组弯道和两组直道。最里侧一圈是 400 米，越靠近外侧跑道，距离越长。

100 米短跑比赛在直道上进行，所有运动员从一条水平线上起跑。

其他距离的比赛，比如 200 米、400 米和 800 米，一条直道可跑不完。为了保证运动员比赛的距离相同，所以起跑位置会像这样——越靠外侧的运动员，起跑位置越靠前。

如果你和你的朋友要进行一场友谊比赛，记得穿上适合跑步的鞋子和运动服。

电子发令枪

接力棒，接力比赛用得上。

鞋底有 5 至 6 颗钉子，一只鞋的重量和两个鸡蛋差不多。

运动服

号码布，背后也要戴上。

短跑鞋

比赛要开始啦，请各位运动员站到起跑线前。

短跑比赛时，裁判会先喊"各就位"，运动员们在各自跑道上做好准备。裁判接下来喊"预备"，然后鸣枪，运动员们就可以起跑了。不过中长跑比赛中，没有"预备"口令，裁判喊"各就位"后鸣枪。

起跑姿势有两种：

你和小伙伴比赛的时候可以用**站立式**。

蹲踞式是国际比赛上常见的起跑姿势，特别是短距离的比赛。

屈肘
屈膝
身体前倾，降低重心。
双脚前后站立，距离一脚的距离。

助跑器
双手略宽于肩，撑在地面上。
单膝跪地

糟糕！
抢跑犯规！

虽然跑步运动看起来简单，但在正式的比赛中，也有不少需要**遵守**的**规则**。

✓ 在裁判喊了"各就位"及"预备"口令后，运动员要马上做好**起跑准备动作**，不然算起跑犯规。

✗ 不能在"各就位"口令后用声音或者动作给其他选手**捣乱**。

✗ 不能在起跑枪声响起前**抢跑**，这是起跑犯规，会被取消比赛资格。

"砰！"

比赛开始了，运动员们冲出起跑线！

喂，你跑到我的跑道上啦！犯规！

在正式比赛里，跑道终点安装了全自动摄影计时装置，能精确地记录运动员的比赛成绩，帮助裁判判断名次。

身体过线才算数。

终点就在前方，冲呀！跑步比赛的取胜规则很简单：**谁的身体第一个通过终点线，谁就是第一**。不过，必须是躯干通过才可以，手、脚、头先过线都不算数。

告诉你几个跑得更快的小窍门：

- 深吸一口气，提高注意力，仔细听裁判的口令。
- 稍稍前倾身体，快速跑出去后再逐渐正直身体。
- 用力抬腿和蹬地，加大步子，加快频率。
- 跑步的时候不要东张西望，更不要说话。你可以在心里暗示自己，比如——
- 冲过终点线，要逐渐减速，不要立刻停下。

嗷呜！

哼，我跑得比你快，你追不上我！

1, 2, 吸——1, 2, 呼——保持呼吸，匀速奔跑。

他跑得可真快！

大步向前跑，注意别摔倒。

冲刺，拼了！

注意事项：

如果跑步时感觉胸闷、头晕、气喘，就先停下来走一走。不要着急，经常锻炼，就会越跑越轻松，也会慢慢喜欢上跑步。

我刚吃饱饭，不能马上运动。

穿上新运动服，跑步去咯！

避免受伤，**热身准备**要做好。

户外运动，空气真好。

选择适合运动的场地，不要在坚硬的水泥地和行人、车辆较多的地方练习，**安全第一！**

带你看比赛

如果你去看一场国际比赛，可能会用到下面这些术语：

各就位 on your marks	起跑器 starting block	跑道 lane	马拉松 marathon
预备 set	终点 the finish line	决赛 final	接力赛跑 relay race
起跑 start	竞赛 race	短跑 sprint	接力棒 baton
发令员 starter	运动员 athlete	中长跑 middle-distance race	跨栏 hurdle
起跑犯规 false start	号码布 bib	长跑运动员 long-distance runner	竞走 race walk

接力赛要在接力区内完成交接棒，在接力区外交接棒是犯规。如果掉棒了，谁掉棒，就由谁捡起来，否则就犯规了。交接过程中，必须是手持接力棒传递到队友手里，不可以丢给对方。

别急，稳住！

呼！顺利交棒……

趣味运动

你可以和朋友们来一场比头脑的数学计算跑。

方法：两组人面对面间隔两米相对站立。一组人代表单数，另一组人代表双数。裁判出一道加减法数学题，大家迅速心算结果，如果答案是单数，代表单数一方的人就去追双数的人；如果是双数，代表双数的人就去追单数的一方。每组后面都设置一条安全线，一方跑过安全线后，另一方就不能再追，安全线之内只要抓到对方就算赢了。

算一算：哪边的小朋友是单数队，哪边是双数队？

跨栏

跨栏比赛是一项比较特殊的短跑项目，除了比拼跑步的速度，运动员还要跨越赛道上设置的障碍栏。比赛时，不能故意碰倒栏架。

哎呀，碰倒了。

坚持！超过前面的人！

三步跨栏。
1, 2 ——

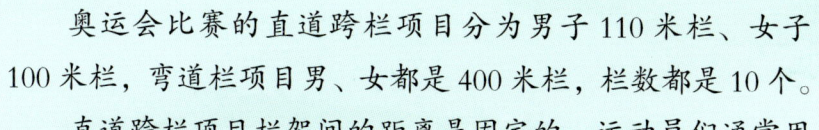

奥运会比赛的直道跨栏项目分为男子110米栏、女子100米栏，弯道栏项目男、女都是400米栏，栏数都是10个。

直道跨栏项目栏架间的距离是固定的，运动员们通常用三步完成栏间跨越。

稳住！第一名是我的！

跳远

田径比赛里的"跳"有两类：比谁跳得远，这是远跳项目；比谁跳得高，这是高跳项目。

远跳项目又分为跳远和三级跳远两个小项目；高跳项目有跳高和撑竿跳高。

不管是远跳项目还是高跳项目，都是由

助跑　　起跳　　腾空　　落地

四个技术环节组成。

40-45米长的助跑道

跳远的历史非常悠久，可以追溯到公元前708年的古希腊，是古代奥林匹克"五项运动"之一。不过那时候的跳远和现在的可不一样，当时的运动员需要手持哑铃一样的重物进行跳远。古希腊陶瓶上的图案描绘了古代跳远运动的这一场景。

比跑鞋多了2颗鞋钉。

跳远钉鞋比短跑钉鞋重，鞋底也更厚，所以减震效果更好，能够保护运动员的脚掌。跳高钉鞋的脚后跟增加了两颗鞋钉，能够帮助提高运动员起跳时动作的稳定性。小朋友们平时练习的时候，穿跑步时的普通运动鞋就可以了，避免被钉子鞋划伤。

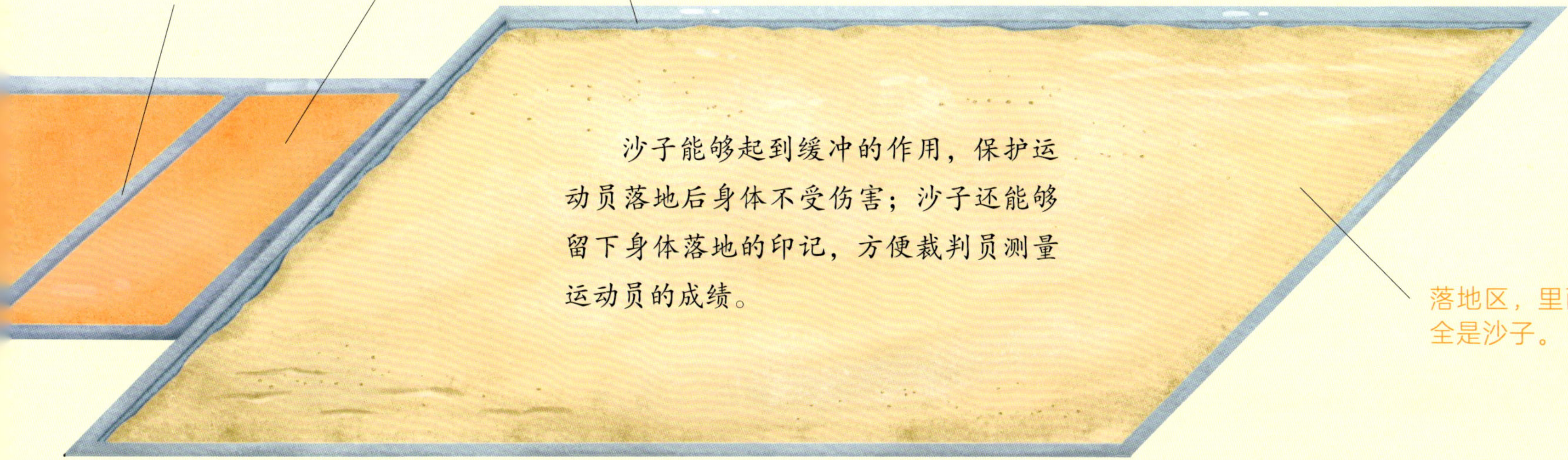

长：6-9米
宽：2.75-3米

起跳线

起跳板

沙子能够起到缓冲的作用，保护运动员落地后身体不受伤害；沙子还能够留下身体落地的印记，方便裁判员测量运动员的成绩。

落地区，里面全是沙子。

大家排好队，比比看谁跳得远。

跳远的姿势有三种：蹲踞式、挺身式和走步式跳远。

走步式的腾空姿态看上去像是在空中走步，非常连贯自然，这也是现代正式比赛中运动员最常使用的技术方式。

三级跳远的动作比较复杂，要求运动员连续用单脚起跳三次。

怎样才能跳得更远？

在学校里，跳远的场地和方法就简单多了，体育老师通常会带领大家进行短距离助跑跳远或者立定跳远。

- 做好预备姿势。
- 记住这个口诀：一摆，手臂向上摆；二蹲，手臂后摆同时弯曲膝盖下蹲；三起跳，手臂再次上摆，同时起跳，用手臂向前的力带动身体完成跳跃。
- 落地瞬间大胆把双脚前伸，同时身体前倾。注意，一定不要把身体重心放在后面，这样手臂容易向后撑，影响成绩。
- 讲顺序，排好队。

等前面的同学跳完了走出沙坑后，我才能跳。

眼睛向前看。

一摆，二蹲，三起跳。

双腿向前伸，身体向前倾。

预备姿势：两腿分开，与肩同宽。

屈膝

身体重心略向前

跳远距离怎样测？

落地后身体距离起跳线最近的直线距离。如：双脚落地，测量脚跟到起跳线的距离；臀部落地，测量臀部到起跳线的距离；落地后身体后仰，手在臀后撑地，测量手到起跳线的距离。

在正式的比赛中，8人以下的比赛，每人可以试跳6次，按最佳成绩排定名次；8人以上的比赛，每人试跳3次，获得前8名的人，每人还可以再跳3次，以最佳成绩为准。

跳远比赛也不能犯规：

✗ 起跳时脚不能超过起跳板。

哎呀，踩线了。

✗ 落地后身体不能接触或触及沙坑外地面。这种情况通常是落地后运动员失去平衡，为了保持身体平衡而伸手触地。

不好，手碰到沙坑外面了！

✗ 跳完后，应该从沙坑前方或两侧离开，不能从沙坑后方离开。这会影响裁判测量跳远成绩。

不能从沙坑后方离开，我看不出该从哪里测量了！

小知识：

目前人类跳远的最高纪录是由迈克·鲍威尔在1991年创造的8.95米。

动物界里的跳远能手可不少，非洲瞪羚和雪豹都能跳15米远，灰袋鼠也能跳出13米的成绩。

跳高

　　跳高的历史比起跳远的可短多了，它是从体操运动中演变出来的。

　　1896年在雅典举办的首届奥运会上，跳高成为正式比赛项目，而女子跳高直到1928年才成为奥运会正式比赛项目。

测量成绩要从地面算起。

跳高架

横杆

落地区
厚厚的海绵能够防止运动员落地受伤。

长15—25米

扇形的起跳区

跳高的空中姿势有很多种：跨越式、剪式、俯卧式、滚式及背越式。其中最基本、最简单的是跨越式。

现在的田径比赛中，运动员几乎都采用背越式。

跨越式：

这动作和跨栏有点儿像。

背越式：

专业动作，请在专业教练指导下进行。

注意啦！

跳高时如果落地姿势不正确，很容易受伤，所以练习时一定要准备好垫子，注意安全！如果体育老师不在身旁，也不要自己尝试。另外，由于背越式跳高的方法技术比较复杂，小朋友们在尝试练习时一定要注意安全！

跳高比赛规则：

- 无论使用哪种跳高姿势，都必须 单脚起跳，运动员在跳跃过程中和落地后，横杆都不能落地。
- 运动员在同一高度上有 3 次机会，按成绩最好的算；如果连续 3 次失败，就会失去比赛资格。
- 跳高比赛可能出现几名运动员都跳出了同一个高度的情况，这该怎么办呢？那么就要看他们在最后一个高度上或者全部比赛中谁的失误少、谁的试跳失败次数少来决定冠军啦！

什么是 免跳？

运动员可以决定某个高度是否免跳。如果运动员两次试跳都失败了，也可以申请免跳，不过在下一个高度上，他就只剩下一次试跳机会啦。所以，免跳不只是一种缩短比赛时间的做法，还是一种比赛战术。

加油！我能行！

这个高度我有把握，所以这轮我要免跳，保持体力，挑战下个高度！

只要横杆不落地，这次试跳成绩就有效。

横杆可千万别掉下来！

试跳无效的情况：

- 试跳后，横杆脱落。
- 身体触及杆前面的地面。
- 双脚起跳。

他碰到横杆了。

撑竿跳

人们使用长竿帮助自己跨越障碍物的历史很悠久，古代爱尔兰人就有一种使用长木棍过河的游戏。撑竿跳成为正式比赛项目是在1896年的雅典奥运会上，女子撑竿跳直到2000年的悉尼奥运会才进入比赛项目。

撑竿跳的场地有点儿像跳远，也有点儿像跳高。

运动员需要**一根撑竿**帮助自己跳跃。

撑竿的长度一般在4~5米，表面光滑。运动员自带撑竿参加比赛。运动员们使用的撑竿最开始是木头的，后来人们又尝试使用竹子、金属等材料，现在运动员大多使用的是玻璃纤维制成的撑竿。

嘿！俺老孙的金箍棒可比你这撑竿好使！

比不了，比不了！

横杆

比赛规则：

- 和跳高规则一样，谁跳得高，谁就获胜；谁失败次数少，谁的排名就在前面。
- 比赛时，运动员必须将撑竿插在插斗内起跳。
- 起跳离地后，双手握竿的位置不能转移。
- 可以在规定的任一起跳高度上试跳，但每一高度只有3次试跳机会。

小知识：

撑竿跳的世界纪录是由瑞典选手杜普兰蒂斯在2021年创造的6.18米，打破纪录时，他不满20岁。

你知道世界上跳得最高的动物是什么吗？条纹原海豚能跳出7米的高度，美洲狮能跳5米，黑斑羚能跳4米。不过这些动物可不需要借助工具跳高。

立柱

海绵垫保护运动员

落地区

撑竿

插斗

长40—45米，宽1.22米

助跑道

拓展游戏——跳绳

跳绳运动需要四肢、双眼与大脑的协调配合，有助于提高四肢协调性与反应能力。当你熟练掌握了单人跳绳后，还可以和朋友们一起尝试双人跳绳和集体跳绳，这除了锻炼协调力，更能提高专注力和集体协作精神。

跳绳运动虽然简单，但运动的时候要注意：

- 根据自己的身高选择跳绳的长短。最合适的长度应该是比自己身高的一半长2-3厘米。

- 注意抓绳的方法。手离绳柄越远，在跳绳速度越来越快时，手臂就越容易疲劳。因此，抓绳时应靠近绳柄，越近越省力。

- 不要跳得太高，落地时微微屈膝，前脚掌着地，这能帮助你跳得更快、更轻松，还能缓冲落地时身体的震动。

- 使用手腕的力量摇绳。
- 稳定呼吸节奏，全身放松。

- 在安全的户外空地上跳绳，注意和周围的人保持安全距离，不要让跳绳抢到他们。

1！2！3！

集体跳绳小技巧：

- 摇绳很关键，最好请个子高、身体强壮的队员担任。
- 进入跳绳的顺序有讲究：高个子的在中间，其他队员排在队伍两端。
- 跳绳姿势要记牢：前脚掌着地，膝盖微弯，跳得不要太高。
- 大声读数涨士气！

投掷

田径项目中投掷类项目包括铅球、铁饼、链球、标枪等。

铁饼。古时候，战士们在过河前，都会把自己穿的厚厚的盔甲脱下来，把盔甲像扔飞盘一样投到对岸，然后再跳下水过河。

> 盔甲太沉了，穿着可没法儿过河。

> 这有点儿像扔飞盘。

> 投得够远够准才能获得猎物。

> 投得够远才能得第一！

标枪起源于古代战争和狩猎中使用的短矛。

铁饼和标枪都有着非常古老的历史，都是古希腊奥林匹克"五项运动"之一。

命中猎物！

比比谁投得更远。

铅球的原型最初是古代人们在打猎时向猎物投掷的石块，现代铅球运动则起源于欧洲军队使用的炮弹。

链球要用**双手**投掷。

链球起源于爱尔兰，自从1866年以来，链球一直都是爱尔兰、苏格兰和英格兰的传统比赛项目。

标枪在这里比赛：

投掷项目使用的场地各不相同，标枪比赛有条长跑道。

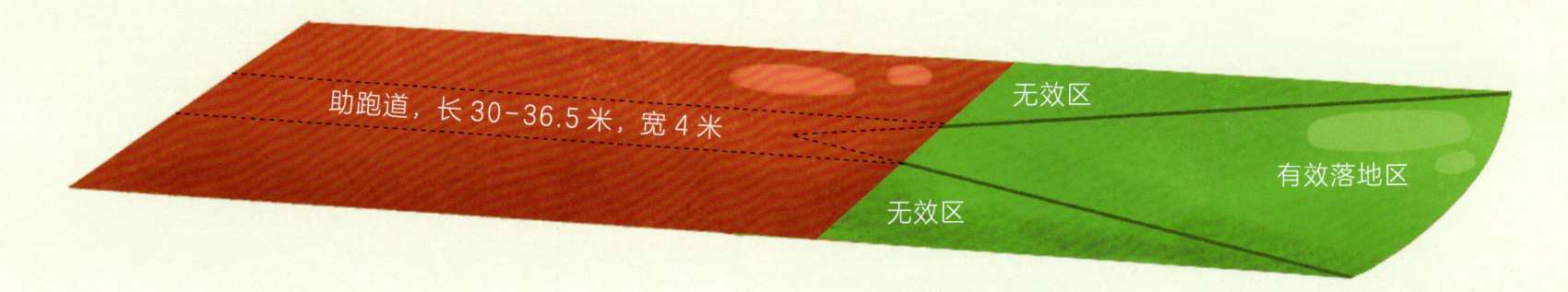

助跑道，长30-36.5米，宽4米

无效区

无效区

有效落地区

铅球、铁饼和链球在这里比赛：

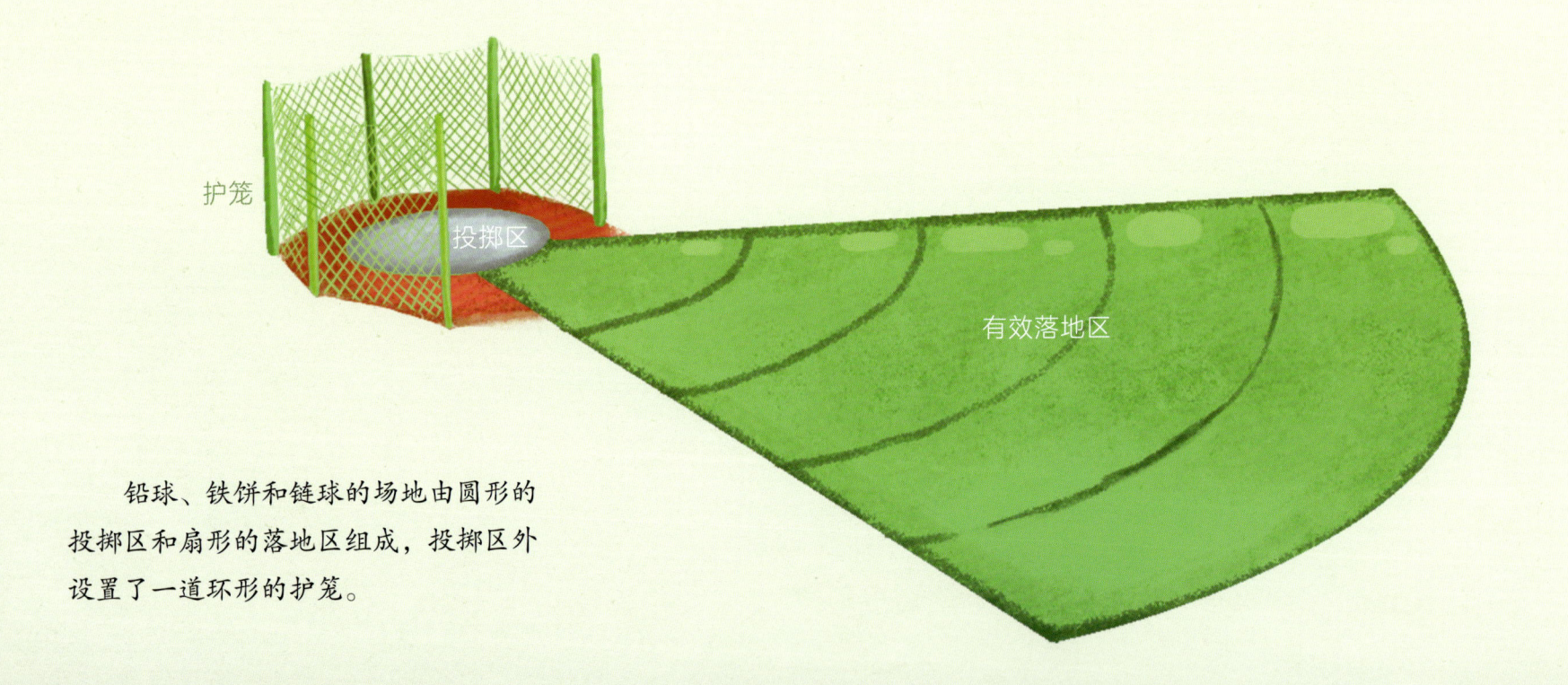

护笼

投掷区

有效落地区

　　铅球、铁饼和链球的场地由圆形的投掷区和扇形的落地区组成，投掷区外设置了一道环形的护笼。

让我们仔细看看投掷运动的装备吧

铅球

男子铅球重 7.26 千克，直径 11–13 厘米。
女子铅球重 4 千克，直径 9.5–11 厘米。

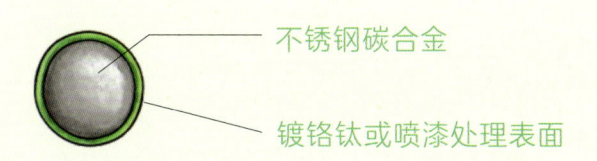

不锈钢碳合金

镀铬钛或喷漆处理表面

链球

男子链球重 7.26 千克，总长 117.5–121.5 厘米。
女子链球重 4 千克，总长 116.0–119.5 厘米。

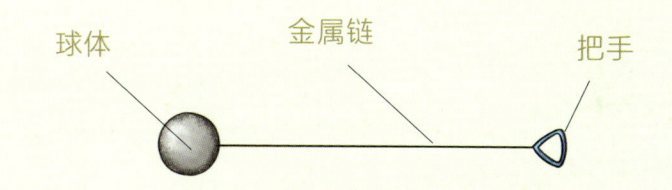

球体　　金属链　　把手

铁饼

男子铁饼重约 2.005–2.025 千克，直径 21.8–22.1 厘米。
女子铁饼重约 1.005–1.025 千克，直径 18–18.2 厘米。

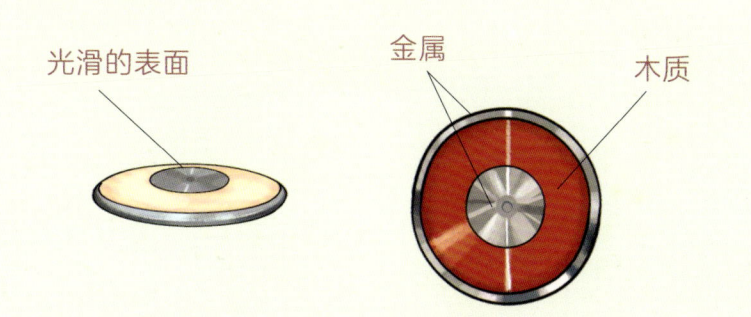

光滑的表面　　金属　　木质

标枪

男子标枪重 0.8 千克，长 260–270 厘米。
女子标枪重 0.6 千克，长 220–230 厘米。

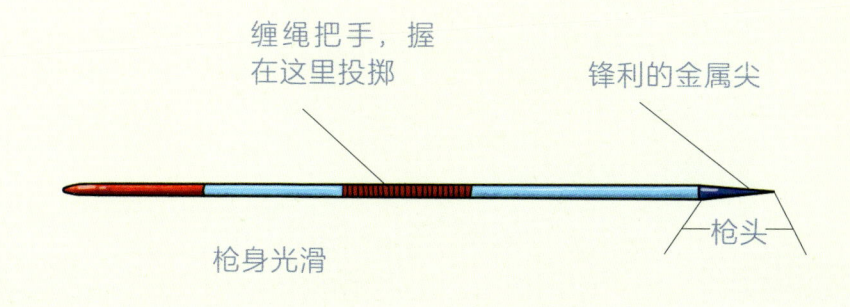

缠绳把手，握在这里投掷　　锋利的金属尖

枪身光滑　　枪头

- 投掷铅球、链球、铁饼时的准备动作很有趣，运动员会握持运动器材**快速转圈**，利用离心力效应将手中的器材投掷出去。千万要**注意**的是，在球落地前，运动员的脚**不能**踩到投掷区域外。
- 运动员投出的器械完全落在落地区内才算有效。
- 在比赛中，有两名主裁判，手中持有红、白旗帜各一面。举红旗表示试投失败，成绩无效；举白旗表示试投成功，成绩有效。

我转了几圈？有点儿晕~~

疯狂旋转

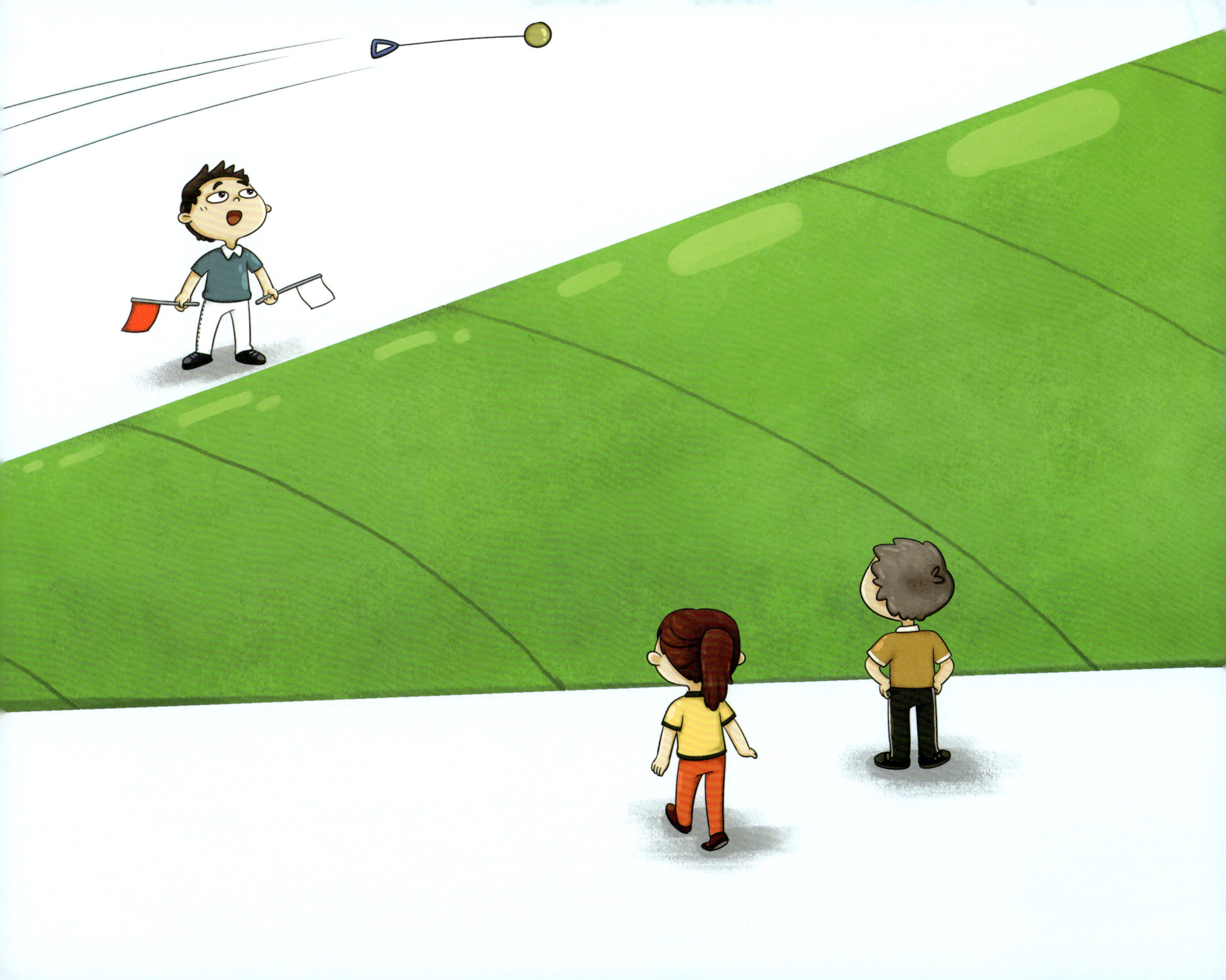

全能项目

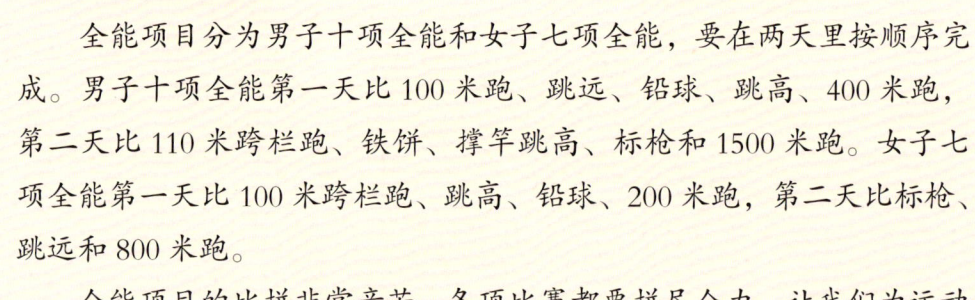

全能项目分为男子十项全能和女子七项全能，要在两天里按顺序完成。男子十项全能第一天比 100 米跑、跳远、铅球、跳高、400 米跑，第二天比 110 米跨栏跑、铁饼、撑竿跳高、标枪和 1500 米跑。女子七项全能第一天比 100 米跨栏跑、跳高、铅球、200 米跑，第二天比标枪、跳远和 800 米跑。

全能项目的比拼非常辛苦，各项比赛都要拼尽全力，让我们为运动员们加油！

跨越一切障碍！

安全过杆！

冲！

我飞起来啦！

作者介绍

/ 许占鸣 /

教育学博士，北京体育大学副教授，硕士生导师。国家反兴奋剂讲师，健将级运动员，田径国际级裁判，国际田联培训与认证四级教练员和二级培训讲师，跳台和北欧两项国家级裁判。中国体育科学学会运动训练学分会田径专业委员会常委、中国田径运动学院训练竞赛部主任。

著有《中国田径教练员岗位培训教材》《田径竞赛裁判工作实用指南》《优秀撑竿跳高运动员制胜因素的研究》《田径运动教程》《全国体育传统项目学校师资培训专用综合教材》《民族传统体育系列教材》《教学文件的制定与范例》等。

/ 扶摇星工作室 /

专注儿童图书插画创作十余年，插画作品有儿童科普图书《108条你必须知道的法律常识》《星际探险少年》、幼儿学习类图书《布奇乐乐园》《班迪系列图书——综合学习书》等。